Disney

DUMBO

Le roman du film

Traduction de Natacha Godeau.
Conception graphique et mise en pages : Le chalet graphique

Hachette Livre, 58, rue Jean-Bleuzen, 92178 Vanves Cedex.

Disney

DUMBO

Le roman du film

hachette
JEUNESSE

DUMBO & TIMOTHÉE

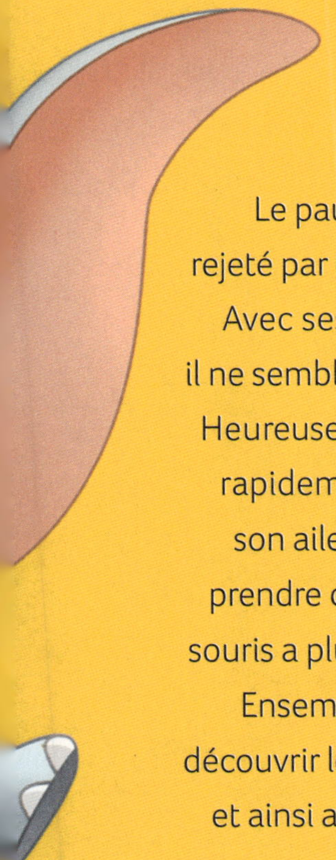

Le pauvre petit **DUMBO** est
rejeté par tout le monde au cirque...
Avec ses oreilles gigantesques,
il ne semble bon qu'à faire le clown.
Heureusement, **TIMOTHÉE** prend
rapidement l'éléphanteau sous
son aile. Bien décidé à lui faire
prendre confiance en lui, la petite
souris a plus d'un tour dans son sac !
Ensemble, les deux amis vont
découvrir le talent caché de Dumbo...
et ainsi apprendre à ne pas se fier
aux apparences.

CHAPITRE 1

LIVRAISON SPÉCIALE

L'hiver touche à sa fin. La nuit est si douce, en cette veille de printemps, que les animaux du cirque dorment à la belle étoile. Cela tombe très bien, car c'est ce soir que les messagers passent…

Regardez toutes ces cigognes qui traversent le ciel à tire-d'aile ! Elles transportent de gros baluchons du

bout du bec. Elles se placent au-dessus des enclos des animaux et hop ! elles lâchent leur précieux colis. De petits parachutes se déploient alors, et les baluchons atterrissent en douceur aux pieds de leurs destinataires.

Quelle joie, les bébés animaux sont arrivés !

Madame Ourse est très fière de ses jumeaux nouveau-nés. Madame

Kangourou protège son petit dans sa poche. Madame Hippopotame accueille le sien dans la mare. Madame Tigre reçoit des quintuplés. Quant à Madame Girafe, elle s'empresse d'embrasser son mignon girafon. Seule Madame Jumbo reste oubliée des messagers. L'éléphante scrute le ciel nocturne avec espoir ; hélas, pas un colis n'atterrit pour elle cette nuit…

Le lendemain matin, le cirque replie ses tentes et démonte ses baraques. Il est temps d'aller s'installer dans une autre ville !

Tut ! Tut !

Le sifflet de Casey Junior, le courageux train du cirque, retentit dans la vallée. Tout le monde en voiture : le voyage va commencer ! Les animaux entrent à la queue leu leu dans leurs wagons. Ils sont tous très confortables, mais celui des éléphants est certainement le plus grand.

Madame Jumbo hésite cependant à grimper la passerelle d'embarquement. Inquiète, elle lève la tête afin de vérifier si, avant de partir, un messager ne viendrait pas lui apporter son éléphanteau tant désiré… mais la pauvre ne voit rien dans le ciel et, soupirant tristement, elle finit par monter dans le train.

Pourtant, tout là-haut dans les nuages, Monsieur Cigogne est en chemin. Il a justement une livraison spéciale pour Madame Jumbo !

L'ennui, c'est que son colis pèse très, très lourd. Et cet étourdi de Monsieur Cigogne s'est perdu en route…

– Oh là là, quel travail ! dit-il en s'arrêtant un instant.

Il pose son encombrant baluchon près de lui et vérifie sa carte routière.

– J'ai un super sens de l'orientation ! souffle-t-il. Il faut certainement prendre à gauche et…

Il s'interrompt pour tendre l'oreille. Le sifflet de Casey Junior résonne dans le lointain !

– Le train du cirque ! Je suis sur la bonne voie ! s'exclame alors Monsieur Cigogne.

Comme il est terriblement en retard pour sa livraison, il récupère vite son colis et se remet en chemin tandis que Casey Junior roule bravement sur les rails qui sillonnent la vallée. Le vaillant petit train du cirque tire ses wagons pleins à craquer sans jamais se reposer. Il file vers l'horizon, contourne la colline, longe un ravin, franchit un tunnel, accélère, ralentit, accélère à nouveau et poursuit sa route avec obstination. Coûte que coûte, Casey Junior atteindra sa destination à l'heure prévue !

– Attachez vos ceintures ! s'écrie Monsieur Cigogne.

Et *zou !* Il plonge droit sur le toit du dernier wagon du train ! Il ne lui reste plus qu'à trouver la voiture des éléphants… Plus dévoué que jamais, le livreur sautille de wagon en wagon en appelant :

– Madame Jumbo ! Un colis pour Madame Jumbo !

Manque de chance, personne ne répond. Madame Jumbo doit être à l'autre bout du train… Tout à coup, Monsieur Cigogne remarque les ouvertures, dans le toit des voitures. Ce n'est pas maintenant qu'il touche au but qu'il va abandonner !

Et aussitôt, il décide de se pencher à l'intérieur des wagons jusqu'à ce qu'il aperçoive le troupeau d'éléphants...

– Madame Jumbo, vous êtes là ?

Lorsqu'un rugissement effrayant s'échappe du wagon, Monsieur Cigogne comprend qu'il était à deux plumes de se faufiler chez les tigres.

– Oh, je ne voulais pas... Désolé pour le dérangement ! s'excuse-t-il, terrifié, avant de foncer à la voiture suivante.

– Madame Jumbo ! s'égosille-t-il une fois de plus.

Toujours pas de réponse. Le livreur s'impatiente. Il en a assez de traîner son gros baluchon, il veut le remettre à sa destinatrice !

– Mais où se cache Madame Jumbo ? grogne Monsieur Cigogne.

À ces mots, les éléphantes lui font signe en sortant leur trompe par l'ouverture du toit du wagon suivant.

– You-hou, par ici !

– Ah, tout de même, ce n'est pas trop tôt ! se félicite Monsieur Cigogne, rassuré.

Il glisse le bec par l'ouverture du toit, soulève son képi de livreur pour saluer les éléphantes. Puis il demande poliment :

– Laquelle d'entre vous attend un heureux événement ?

CHAPITRE 2

ENFIN RÉUNIS !

Madame Jumbo accueille le messager en souriant avec douceur. Quelle chance, son petit est enfin arrivé ! Après avoir déposé le baluchon aux pieds de la maman éléphante, Monsieur Cigogne récite :

– Voici un bébé aux beaux yeux bleus, il ne réclame que votre amour !

Il fait signer le bon de livraison à Madame Jumbo, ravie. Puis, comme le veut la tradition, il souhaite la bienvenue au nouveau-né en lui interprétant le chant du jour de sa naissance :

– Heureux anniversaire, mon cher… mon cher qui ? Quel prénom lui avez-vous choisi ?

Madame Jumbo est impatiente de découvrir son bébé. Elle répond fièrement :

– Il s'appelle Dumbo Junior !

– Tous mes vœux, mon cher Dumbo Junior ! termine alors Monsieur Cigogne en quittant le wagon.

Aussitôt, Madame Jumbo entreprend d'ouvrir son colis… Tout le monde a hâte de voir le nouveau-né !

– Vite, vite ! supplie une éléphante.

Madame Jumbo défait avec soin le nœud du baluchon. Elle écarte tendrement les pans de tissu épais, et découvre le plus adorable éléphanteau du monde.

– Oh ! Il est ravissant ! s'extasie tout le monde, dans le wagon.

Dumbo est très mignon, en effet. Il bâille, il se frotte les paupières, il contemple sa maman avec amour. Madame Jumbo est folle de lui ! Son petit est encore plus merveilleux que ce qu'elle imaginait…

– Je n'ai jamais rien vu de plus joli, déclare une éléphante, sous le charme du délicat bébé.

Une autre lui chatouille affectueusement le menton du bout de sa trompe.

– Guili-guili, guili-guili-guili ! dit-elle.

Dumbo se retient de rire, amusé. Et tout à coup…

– Atchoum !

L'éléphanteau éternue.

Il éternue si fort que ses oreilles se déploient brusquement. Elles sont immenses, c'est à peine croyable ! Des oreilles énormes, presque plus grandes que lui ! Les éléphantes n'en reviennent pas. Elles trouvent cela tellement ridicule qu'elles s'esclaffent aussitôt. Et les méchantes se moquent à présent de Dumbo, oubliant à quel point il leur paraissait adorable la minute précédente.

– Est-ce possible, des oreilles pareilles ?!

– Ah ! Ah ! Ah ! Ce qu'elles sont drôles !

– Dumbo devrait plutôt s'appeler Dum-pas-beau !

Madame Jumbo fronce la trompe. Elle est très mécontente. Personne n'a le droit d'embêter son gentil petit ! Et pour mieux le protéger, elle s'enferme seule dans son coin avec lui pour la nuit. Elle l'aime tant, son Dumbo !

Elle se couche dans la paille et le berce tendrement, tout contre elle. Peu importe la taille de ses oreilles, l'éléphanteau est un vrai cadeau du ciel. Dumbo adore sa maman, lui aussi. Il est si bien avec elle qu'il se fiche complètement de la mesquinerie des éléphantes. Tout ce qui compte, ce sont les gros câlins de Madame Jumbo…

Casey Junior poursuit vaillamment sa route. La nuit tombe, mais le train du cirque roule toujours. Il franchit les ponts, traverse les tunnels, grimpe les collines en tirant sa lourde charge. Enfin, Casey Junior entre en gare. Il s'immobilise le long du quai. Préparez-vous, dans les wagons : on est arrivé, tout le monde descend !

Dumbo est intimidé. Surtout qu'il se met à pleuvoir ! Mais l'éléphanteau suit sa maman avec confiance et découvre que son clan est chargé d'aider les gens du cirque à installer les tentes et les baraques.

– Qu'il fasse jour, qu'il fasse nuit, on doit dresser le chapiteau ! chantent-ils afin de s'encourager.

Quel travail ! L'orage éclate, le vent souffle... Pourtant, lorsque le matin se lève, le cirque est en place. Le chapiteau est monté, prêt à accueillir le public. Dumbo sourit : il a hâte de participer au spectacle avec sa maman ! Avant cela, cependant, il faut avertir les habitants de la venue du cirque en ville. Monsieur Loyal, l'organisateur du spectacle, sait exactement ce qu'il faut faire.

Du haut de son cheval blanc, il mène la parade à travers les rues décorées de centaines de fanions. Rapidement, les curieux s'approchent pour admirer les artistes. Approchez, approchez, mesdames et messieurs. Et vous aussi, les enfants ! La foule applaudit le défilé. *Zim ! Bam ! Boum !* La fanfare interprète un morceau très gai.

Hourra ! Vive le cirque !

CHAPITRE 3

LA SÉPARATION

La parade du cirque bat son plein, dans la rue. Les badauds attroupés le long des trottoirs acclament les artistes qui défilent, ainsi que tous les animaux : les lions, les tigres, les gorilles en cage, les hippopotames à la mâchoire puissante, les chameaux rigolos… On n'en voit pas souvent en ville ! Soudain, la musique change.

La fanfare annonce le passage des clowns. Les gens éclatent de rire à leurs pitreries et à leurs acrobaties, puis l'orchestre enchaîne sur la marche des éléphants. Ils sont tous gigantesques, très impressionnants… sauf Dumbo, qui suit bien sagement le défilé en tenant sa maman par la queue. Madame Jumbo rayonne de fierté. Son petit est plus mignon que

jamais avec sa coiffe bleue assortie à ses yeux. Dumbo est enchanté de participer à la parade, mais il n'a pas l'habitude d'être entouré de tant de monde. Il entend rire, crier, applaudir… C'est très intimidant pour un minuscule éléphant. Nerveux, Dumbo oublie de regarder devant lui, et voici qu'il trébuche dans l'une de ses grandes oreilles ! *Plaf !* Il atterrit dans une flaque de boue.

– Ah ! Ah ! Ah ! Quel maladroit ! s'exclament les spectateurs.

Mais ce n'est pas grave. Dès que les animaux sont de retour au cirque, Madame Jumbo s'occupe de nettoyer Dumbo. Elle le lave dans une bassine pleine de mousse toute douce.

L'éléphanteau adore s'amuser dans l'eau ! Bientôt, il est bien propre, et il faut sortir du bain. Allez, Dumbo ! Madame Jumbo le soulève avec la trompe et le dépose par terre auprès d'elle. Son petit s'ébroue afin de se sécher.

Ensuite, il veut jouer un peu à « coucou » : il se cache derrière les pattes massives de sa maman et *bouh !* il saute pour la surprendre. Madame Jumbo se prête au jeu d'un air attendri, quand des visiteurs viennent acheter des tickets, devant la tente. Ils veulent voir les animaux, avant le spectacle. Un groupe de garnements entre en premier. Dès qu'il aperçoit Dumbo, le chef de la bande se moque méchamment :

– Oh, regardez-moi celui-là, avec ses oreilles géantes !

Madame Jumbo se dépêche de dissimuler l'éléphanteau derrière elle. Mais les garnements continuent.

– Pas la peine de le cacher, cet idiot, on aperçoit toujours ses oreilles ! s'écrient-ils.

Et sans hésiter, le chef de la bande se glisse sous la corde afin d'aller tirer Dumbo par une oreille. Il lui souffle même dedans et l'empêche de se sauver.

Pauvre bébé éléphant, il déteste ça ! Pourquoi ces enfants l'attaquent-ils, il ne leur a rien fait... ? Madame Jumbo sent la colère l'envahir. Elle veut défendre son gentil petit, bien sûr ! Elle lève la trompe, pousse un barrissement terrible, avant d'attraper le chef de la bande pour lui flanquer la fessée...

– Au secours ! s'égosille-t-il, terrifié.

Le vacarme attire immédiatement Monsieur Loyal sous la tente. Mais tout ce qu'il voit, en arrivant, c'est la maman de Dumbo, furieuse. Elle jette même une botte de foin aux garnements paniqués qui s'enfuient en hurlant.

– Assez, Madame Jumbo ! ordonne Monsieur Loyal.

Puis il se tourne vers les employés du cirque et ajoute :

– Cette éléphante est dangereuse, attachez-la !

Les hommes la capturent au lasso pour la forcer à se calmer. Hélas, Monsieur Loyal emporte Dumbo à cet instant, et Madame Jumbo se débat plus que jamais, folle de rage d'être séparée de son éléphanteau tant aimé. Craignant pour la sécurité du cirque, Monsieur Loyal exige alors que Madame Jumbo soit maintenue à l'écart, et il la fait enfermer dans une minuscule cage, avec de lourdes chaînes aux pattes. Madame Jumbo s'inquiète : que va devenir son petit, trop loin d'elle pour qu'elle veille sur lui ? Il a encore besoin de protection, de soins, d'amour et de câlins…

De son côté, Dumbo pense à sa maman chérie, isolée dans cette

horrible cage étroite. De grosses larmes coulent sur la joue du petit éléphant. En plus, personne ne s'occupe de lui. Au lieu d'essayer de le consoler, les membres de son clan l'ignorent exprès en disant à haute voix du mal de Madame Jumbo.

– Elle a bien mérité d'être emprisonnée !

– Elle s'est vraiment mal comportée !

– Tout ça, c'est à cause de Dum-pas-beau !

– Oui, ce maladroit ne lui attire que des ennuis !

Dumbo renifle fort. Il se sent seul, triste, abandonné. Il a tant de chagrin pour sa maman.

CHAPITRE 4

LA RENCONTRE

Sous la grande tente des animaux, les éléphantes sont de plus en plus méchantes.

– C'est à cause de Dumbo si Madame Jumbo est derrière les barreaux !

– Oui, elle l'aime comme une mère, c'est pour ça qu'elle ne voit pas à quel point ses oreilles sont affreuses !

Une minuscule souris entend justement leur conversation. Elle s'appelle Timothée et habite en cachette au cirque, où elle se nourrit des cacahuètes que les visiteurs offrent aux animaux.

– Est-ce que je peux dîner en paix ? rouspète Timothée. Et patati et patata... Oh, quelle bande de pipelettes, ces éléphantes !

Il regarde Dumbo, puis il ajoute :

– Qu'est-ce qu'elles ont de tellement horrible, ses oreilles ? Je les trouve plutôt sympa !

Dumbo s'approche alors timidement des éléphantes pour manger du foin. Hélas, elles le repoussent brusquement, refusant de partager leur repas avec lui. Timothée n'en revient pas. Quelle cruauté ! La tristesse de l'éléphanteau le bouleverse.

– Pauvre petit, soupire-t-il. Il est seul au monde, sans personne pour l'aider… Ah mais non, ça ne se passera pas comme ça !

À ces mots, Timothée serre les poings d'un air vengeur et avance avec détermination en direction du groupe des méchantes. Il sait que les pachydermes ont peur des souris.

Très peur, même ! Il se dresse donc devant les éléphantes en faisant des grimaces et en remuant son museau. Les méchantes hurlent de terreur et reculent.

– Vous êtes plus courageuses lorsqu'il s'agit de s'en prendre à un bébé sans défense ! gronde Timothée. Vous devriez avoir honte !

Et il s'éloigne afin de rejoindre Dumbo qui se cache sous une immense meule de paille. Lui aussi, il est effrayé par la souris !

– Je suis ton ami ! affirme Timothée. Sors de là, ne fais pas l'idiot !

L'éléphanteau refuse. Alors Timothée lui tend une belle cacahuète.

– Regarde, j'ai quelque chose pour toi !

Le gourmand renifle la cacahuète du bout de sa trompe. Mmm ! Ça paraît délicieux… Incapable de résister, Dumbo l'aspire subitement et la croque sans daigner se montrer.

– Tu as tort de te méfier de moi, remarque Timothée. Je pensais que, tous les deux, on aurait pu essayer de délivrer ta mère…

Aussitôt, Dumbo surgit du tas de paille. Bien sûr qu'il accepte de faire équipe avec cette souris !

– Génial ! s'exclame-t-elle, ravie. Et puis, je trouve tes oreilles superbes. On devrait monter un numéro spécial. Quelque chose de formidable ! Tu deviendrais Dumbo le Magnifique, plus personne ne se moquerait de toi…

Cette fois, Dumbo a totalement confiance en Timothée. Il agite les oreilles d'une mine enchantée. Il est

heureux, il vient de rencontrer son meilleur ami !

Comme il sera bientôt l'heure de se coucher, Dumbo et Timothée sortent d'abord se promener un peu entre les baraques du cirque. Soudain, en passant devant la tente de Monsieur Loyal, ils entendent celui-ci s'écrier :

– Hourra, je viens d'avoir une idée sensationnelle !

Curieux de savoir de quoi il s'agit, Timothée et Dumbo s'arrêtent pour l'écouter. Pourtant, la souris plisse le museau, perplexe.

– Quelle blague, Monsieur Loyal n'a jamais eu une seule vraie idée de sa vie ! murmure-t-elle.

L’homme s’adresse à l’un de ses employés :

– Il nous faut de l’exceptionnel, vous comprenez ? Du jamais vu, du surprenant ! Il nous faudrait… une gigantesquissime pyramide d’éléphants ! Et, à mon coup de sifflet, les trompettes résonneraient pour annoncer le grand final et… et…

– Et quoi ? demande son employé.

– Et… Et je ne sais pas encore, avoue Monsieur Loyal.

Il se glisse dans son lit.

– La nuit porte conseil, ajoute-t-il en bâillant. Je rêverai peut-être du clou du spectacle !

Dès que l'employé quitte la tente, Monsieur Loyal s'endort, et Timothée chuchote à l'oreille de son ami Dumbo :

– Attends-moi ici. J'ai un plan pour m'occuper de ton avenir de star !

Après quoi, il se faufile dans la tente du patron du cirque…

Timothée est rusé. Il grimpe sur la table de chevet de Monsieur Loyal, bondit sur son lit et, dissimulé sous le drap blanc, il lui parle dans son sommeil…

– Écoute-moi bien ! Je viens dans ton rêve pour te conseiller. Ta pyramide d'éléphants doit s'achever sur un numéro fantastique qui sera le clou du spectacle. Dumbo, l'extraordinaire éléphanteau aux grandes oreilles, bondira sur un tremplin et atterrira au sommet de la pyramide en brandissant un drapeau… Quel glorieux final, n'est-ce pas ! N'oublie pas : c'est Dumbo !

Dès le lendemain soir, Monsieur Loyal présente son nouveau numéro de cirque à la foule de spectateurs enthousiastes, rassemblés sous le chapiteau. Il entre sur la piste et annonce d'une voix de stentor :

– Mesdames, messieurs et les enfants, préparez-vous à assister au numéro le plus stupéfiant du monde ! En effet, une pyramide d'éléphants va se former sous vos yeux ébahis, en équilibre sur ce modeste ballon d'acrobate. Que le spectacle commence !

CHAPITRE
5

UNE REPRÉSENTATION CATASTROPHIQUE

Sur la piste, les éléphantes s'appliquent. La plus âgée monte d'abord sur le ballon d'acrobate. Trois éléphantes grimpent ensuite sur son dos. Deux autres se hissent à leur tour sur la pyramide, puis une autre encore se dresse en tremblant au sommet… Il est très difficile de garder l'équilibre !

En coulisses, derrière le rideau de scène, Timothée attend avec Dumbo le numéro de l'éléphanteau.

– Ouf, les éléphantes ont réussi à former la pyramide, remarque la souris. Ça y est, ça va être à toi, Dumbo. Le clou du spectacle ! On répète ensemble, d'accord ? Ce numéro sera un véritable exploit ! Vas-y, montre-moi comment tu fonces sur le tremplin pour sauter tout en haut de la pyramide…

Dumbo prend son élan, se précipite droit devant lui comme si le tremplin s'y trouvait.

– Bravo, l'encourage Timothée. Continue comme ça, c'est parfait !

Sauf que l'éléphanteau trébuche tout à coup dans ses longues oreilles qui traînent par terre… et il s'écroule, les quatre pattes en l'air.

– Oh non ! déplore son ami, inquiet. Tes oreilles risquent de tout gâcher… Il faut faire quelque chose, et vite !

Timothée a raison, le temps presse : sur la piste, Monsieur Loyal annonce déjà aux spectateurs éblouis la prodigieuse entrée en scène du courageux petit Dumbo. Son ami réfléchit. Heureusement, il a une idée de dernière seconde et, sans hésiter, il noue les oreilles de l'éléphanteau en bandeau.

Il s'en est fallu de peu : au même moment, le rideau s'ouvre et Monsieur Loyal s'exclame :

– Mesdames, messieurs, et vous les enfants… Voici Dumbo !

La foule applaudit, rit et acclame le jeune éléphant. Dumbo est intimidé, il n'ose pas avancer. Alors Timothée le pousse gentiment, et Dumbo s'élance finalement dans la lumière. Il galope sur le tapis rouge en direction du tremplin. Il court, court, accélère… lorsque ses oreilles se déploient brusquement ! Le pauvre se prend les pattes dedans, tombe par terre, rebondit lourdement, ce qui le précipite en plein vers la pyramide des éléphantes. Propulsé comme un boulet de canon, Dumbo heurte le ballon d'acrobate et *patatras !* la pyramide s'effondre !

La foule s'enfuit en hurlant tandis que les éléphantes sont projetées aux quatre coins de la tente.

– Assassin ! gronde la vieille éléphante en apercevant Dumbo.

Oui, c'est un accident terrible. Une véritable catastrophe. Mais l'éléphanteau ne l'a pas fait exprès ! C'est injuste, de lui reprocher ce qui arrive. Bientôt, les mâts se brisent et l'immense toile du chapiteau s'affale.

En moins d'une minute, tout est démoli. Quel saccage !

La réputation du cirque a souffert. Désormais, plus personne ne viendra au spectacle, dans cette ville. Les gens ont trop peur ! Les artistes n'ont plus le choix : il faut déjà déménager et partir s'installer ailleurs. Et le plus loin possible, de préférence. Ni une, ni deux, on démonte les baraques, on replie les tentes et on embarque les animaux. Puis *tut ! tut !* Casey Junior reprend la route, tirant les wagons avec vaillance. Dans leur voiture tapissée de foin, les éléphantes gémissent.

– Quelle humiliation !

– Je n'oserai jamais me montrer avec mes bandages et mes pansements !

– Tout ça à cause de Dumbo !

– Il mériterait une bonne punition !

Là-dessus, l'une des éléphantes fait signe aux autres d'approcher.

– Question punition, c'est déjà fait ! confie-t-elle d'un ton mystérieux.

– Que voulez-vous dire ? insiste l'éléphante la plus âgée. Expliquez-nous immédiatement, ma chère !

– Eh bien voilà : on raconte partout que le directeur du cirque ne veut plus de lui pour le grand final. Maintenant, Dumbo sera dans la troupe des clowns.

Les éléphantes n'en reviennent pas.

– Un clown ? Mais c'est un éléphant !

– Un éléphant maladroit avec des oreilles ridicules… remarque alors l'aînée des pachydermes.

Elle hoche la tête avec gravité.

– Je comprends le directeur : Dumbo ne peut faire que le clown, ajoute-t-elle. Mais pour un éléphant, la créature terrestre la plus impressionnante du règne animal, c'est tout simplement vexant. Quel déshonneur sur notre famille ! L'heure est grave, mes sœurs. Nous devons faire une promesse solennelle…

Aussitôt, les éléphantes lèvent leur trompe afin de prêter serment et la plus âgée d'entre elles récite :

– Désormais et à jamais, Dumbo ne fera plus partie des nôtres.

CHAPITRE 6

UNE SOIRÉE MOUVEMENTÉE

Dès le spectacle du lendemain soir, le directeur du cirque oblige Dumbo à participer au numéro des clowns. L'éléphanteau est costumé en bébé avec un hochet et un maquillage comique. Il se tient au sommet d'un immeuble en flammes au pied duquel un clown déguisé en éléphante court en s'époumonant :

– Au secours ! Sauvez mon bébé ! Au feu !

À cet instant, un camion rouge rempli de clowns habillés en pompiers déboule sur la piste, sirène hurlante. La musique est assourdissante, le public s'esclaffe, les clowns s'agitent en tous sens et font n'importe quoi. Ils arrosent tout le monde, trébuchent, font des acrobaties et se bousculent bruyamment. Dumbo est paniqué. Quel vacarme ! En plus, il a le vertige, perché tout en haut du décor. Il ne sait même pas ce qui va se passer à la fin du tour… Le pauvre petit voudrait tellement être au calme, près de sa gentille maman éléphant… Au lieu de quoi, les clowns lui jettent sans arrêt des seaux d'eau à la tête pour amuser les spectateurs.

Les flammes empirent, Dumbo a de plus en plus peur. Et puis soudain, les clowns tendent un trampoline de sauvetage sous la fenêtre où il se trouve.

– Saute, bébé ! crient-ils.

Dumbo regarde en bas. C'est si haut : il est terrorisé ! Il hésite, il n'ose pas s'élancer dans le vide, lorsqu'un clown le pousse fort dans le dos.

L'éléphanteau perd l'équilibre, tombe, tombe, tombe… et crac ! il transperce le trampoline que les clowns tenaient exprès au-dessus d'une bassine pleine de liquide gluant. Plouf ! Dumbo plonge droit dedans. Sous le chapiteau, la foule rugit de rire. Ravis, les gens applaudissent à tout rompre. C'est un réel succès, mais Dumbo tremble de frayeur. Il a bien cru qu'il allait

s'écraser sur la piste ! Ce numéro a été un vrai cauchemar, pour lui…

Plus tard, les clowns célèbrent leur triomphe. Ils se félicitent et boivent même un verre en l'honneur de Dumbo qui a bien amusé le public ! Cependant, l'éléphanteau n'est pas avec eux sous la tente. Il est dehors, encore recouvert du liquide gluant de la bassine. Heureusement, son ami Timothée est là pour le nettoyer… et lui remonter le moral.

– Tu entends, Dumbo ? Les clowns disent que tu as été fantastique ! remarque la souris.

Le petit éléphant renifle d'un air triste. Une grosse larme roule sur sa joue.

– Je t'ai apporté une cacahuète ! ajoute alors Timothée.

Mais Dumbo s'en fiche, il continue de pleurer tout bas. Par chance, son ami est futé. Il sait exactement ce qui le déprime à ce point, et s'empresse de lui annoncer :

– Au fait, j'ai une bonne nouvelle, Dumbo : ce soir, on rend visite à ta mère. Alors, tu es content ?

Oh oui, l'éléphanteau est enchanté ! Il sèche instantanément ses larmes, retrouve le sourire et, une fois tout propre, il remet son chapeau jaune assorti à sa jolie collerette. Il a hâte de voir sa maman ! Timothée le guide et, peu après, ils arrivent à la roulotte où Madame Jumbo est retenue prisonnière. Vite, la souris grimpe sur le rebord de la fenêtre à barreaux en sifflant.

– Psst, Madame Jumbo, c'est pour vous ! appelle Timothée.

Dumbo passe sa minuscule trompe à travers les barreaux. Aussitôt, l'éléphante s'approche, folle de joie, en reconnaissant son petit qu'elle aime tant. Elle passe à son tour la trompe à travers les barreaux, et la maman et son bébé peuvent enfin s'embrasser tendrement et se cajoler.

Ils aimeraient mieux se serrer l'un contre l'autre, bien sûr, mais ce petit câlin inattendu est déjà merveilleusement réconfortant. Surtout que Madame Jumbo fredonne la berceuse favorite de Dumbo :

– Ne crains rien, mon tout petit, certains sont méchants, mais rien n'est plus fort ni plus important, que l'amour d'une maman et de son petit éléphant !

Que d'émotions, même Timothée en est tout bouleversé ! L'éléphanteau sent son cœur battre d'un amour immense, infini. Puis, reprenant courage et espoir, il s'éloigne de la roulotte à regret, en se promettant de revenir le plus tôt possible. Mais pour le moment, il est l'heure de regagner la tente des clowns avant que ces derniers ne s'aperçoivent de la disparition de la vedette de leur numéro…

CHAPITRE
7

DUMBO CROIT EN LUI ET...

Le temps de revenir à la tente des clowns, Dumbo recommence à pleurer. Timothée se dépêche de le calmer.

– Allons, ça ne sert à rien, Dumbo, tout va s'arranger, tu verras ! En attendant, retiens tes larmes, que ta mère soit fière de toi.

L'éléphanteau hoche la tête. Et voici qu'il a le hoquet !

– Tu as trop reniflé, affirme Timothée. Toutes ces émotions, ça t'a épuisé. Alors écoute un peu mes conseils, maintenant : bois pour arrêter ton hoquet. Ensuite, on profite d'une bonne nuit de sommeil et demain matin, tu te sentiras mieux.

Dumbo accepte d'obéir à son ami. Mais il ignore qu'en trinquant à leur succès, les clowns ont renversé une bouteille dans son abreuvoir. Il boit donc sans se méfier, quand tout à coup… des bulles s'envolent de sa trompe !

Il sent alors le sommeil l'envahir, ce qui lui donne des hallucinations… Dumbo voit les bulles se transformer en éléphants roses ! Des éléphants de toutes les formes, de

tous les styles et de toutes les tailles qui défilent en chantant. C'est la marche des éléphants ! Ils paradent à la queue leu leu et… *rata-taplan !* Quel rêve étrange…

Le matin suivant, Dumbo et Timothée se réveillent sur la plus haute

branche d'un arbre, au bord du lac voisin. Ils ont oublié comment ils sont arrivés là cette nuit, et ils sont tellement surpris de se retrouver ainsi perchés au milieu d'une bande de corbeaux moqueurs qu'ils sursautent, perdent l'équilibre et plongent droit dans l'eau !

– Ah ! Ah ! Ah, comme ils sont drôles ! s'esclaffent les corbeaux.

– Ne fais pas attention à ces idiots, Dumbo, bougonne Timothée en sortant du lac. Viens, on retourne au cirque.

Ils se mettent en chemin, lorsque Timothée s'immobilise. Quelque chose le tracasse.

– N'empêche, je ne comprends pas comment on a fait pour grimper dans cet arbre..., murmure-t-il. À moins que...

Il fait brusquement volte-face, fixe les oreilles de l'éléphanteau d'un regard interrogateur et s'exclame :

– Mais oui : on a volé jusque là-haut ! Dumbo, j'ai tout deviné : grâce à tes oreilles aussi grandes que des ailes, tu sais voler !

À ces mots, les rires des corbeaux redoublent.

– Ah ! Ah ! Ah ! Vous avez entendu ça ? Un éléphant volant : n'importe quoi !

– Moi, j'ai vu voler des tas de trucs marrants, mais un éléphant, ça, jamais !

– Vous devriez avoir honte de vous moquer de Dumbo ! se fâche alors Timothée. Il n'est encore qu'un bébé, mais Monsieur Loyal l'a séparé de sa mère, le laissant seul au monde, sans personne pour veiller sur lui. Tout ça pourquoi ? Parce qu'il a des oreilles un peu spéciales et que tout le monde le traite de monstre !

Les corbeaux n'ont plus envie de rire, brusquement. Cette histoire les émeut tellement qu'ils veulent coûte que coûte aider le mignon éléphanteau.

– Hé, la souris ! Si tu veux voir Dumbo voler, on peut s'en occuper ! propose l'un des corbeaux.

– Ah oui ? Et comment ? grommelle Timothée.

Le corbeau se met à murmurer :

– Ton bébé éléphant ne croit pas qu'il peut voler, n'est-ce pas ? Il faut donc lui donner assez confiance en lui pour qu'il accepte d'essayer.

À ces mots, il arrache une belle plume noire à la queue d'un autre corbeau, puis il la tend à Timothée en lui expliquant à l'oreille :

– Donne cette plume à Dumbo. Raconte-lui qu'elle est magique et qu'elle a le pouvoir de le faire voler. Il n'hésitera pas longtemps à tenter le coup !

Timothée admet que c'est plutôt une bonne idée.

– D'accord ! accepte-t-il en s'emparant de la plume.

Puis il se tourne vers Dumbo et s'écrie gaiement :

– Regarde, c'est une plume magique ! Tu vas pouvoir voler !

Peu après, Dumbo monte la colline en serrant fermement la plume de corbeau dans sa trompe. Il avance tout au bord de la corniche afin de s'élancer dans le vide…

– Allez, un peu de cran ! l'encourage Timothée. Bats des oreilles comme si c'étaient des ailes. Un, deux ! Un, deux ! Vas-y, envole-toi ! Paré au décollage ?

Dumbo et son ami n'en reviennent pas : ça y est, ils sont partis !

– Nom d'un petit bonhomme, mais tu voles ! s'exclame Timothée, émerveillé.

Le paysage défile rapidement sous leurs pattes. Les corbeaux les escortent en félicitant Dumbo.

C'est vrai qu'il n'y a rien de plus étrange que de voir voler un éléphant !

– Avec un don aussi extraordinaire, pas de doute : Dumbo va devenir la star du cirque ! déclare Timothée, impatient d'assister au prochain numéro des clowns pompiers…

CHAPITRE 8

ET DUMBO TRIOMPHE !

Ce soir, une foule de spectateurs joyeux envahit les gradins, sous le chapiteau. Le numéro des clowns va bientôt commencer, et le public applaudit en riant d'avance. Comme la veille, Dumbo se tient perché au sommet d'un immeuble en flammes, sauf que cette fois, le décor est trois fois plus haut…

L'éléphanteau ose à peine regarder en bas, quel vertige !

– N'oublie pas, tu ne risques rien : tu as la plume magique ! s'empresse de le réconforter Timothée.

Son ami hoche la tête en tenant bien fort la plume dans sa trompe. Et la musique du spectacle démarre soudain…

– Au feu ! Sauvez mon bébé ! hurle le clown déguisé en éléphante.

Aussitôt, le faux camion de pompiers déboule sur la piste, sirène hurlante. Les clowns font les pitres au pied de l'immeuble incendié et les flammes empirent autour de l'éléphanteau. Puis les clowns pompiers tendent un trampoline de sauvetage sous la fenêtre où il se trouve.

– Saute, bébé ! ordonnent-ils.

Bien sûr, Dumbo hésite à se jeter dans le vide… Timothée grimpe dans son chapeau pour le rassurer.

– Tu vois, je t'accompagne, souffle-t-il. Je n'ai pas peur de la chute, puisque la plume magique te fera voler. Tu vas tous les épater, Dumbo, ton heure de gloire est arrivée !

L'éléphanteau prend une profonde inspiration. Et hop ! il saute enfin ! Il tombe, tombe vers le trampoline de sauvetage des clowns pompiers…

quand il lâche par mégarde la plume magique. Dumbo s'affole, il tombe, tombe sans réagir...

Vite, Timothée intervient :

– Bats des oreilles ! supplie-t-il son ami. La plume magique est une plume ordinaire, tu n'as pas besoin d'elle, tu sais voler par toi-même... Alors agite tes oreilles tout de suite, ou on va s'écraser sur la piste !

Ils s'approchent du sol. La souris pousse un hurlement de panique :

– Redresse, Dumbo ! Pitié, bats des oreilles !

Enfin, le petit éléphant écarte ses oreilles immenses. Il frappe l'air avec et… hourra ! Il s'envole tout en haut du chapiteau ! Le public est époustouflé : un éléphant volant, c'est fantastique !

– Youpi, on a réussi ! s'égosille Timothée, grisé par les pirouettes et les vols planés.

Sous le chapiteau, les gens applaudissent Dumbo. Monsieur Loyal, les clowns, les méchantes éléphantes n'en croient pas leurs yeux. Ainsi, ces oreilles ridicules ont une utilité !

Dumbo virevolte joyeusement dans les airs. Il fait des loopings et poursuit sur la piste les clowns effrayés. Il plonge en piqué sur Monsieur Loyal qui trébuche dans un baquet d'eau. Il bombarde même de cacahuètes les méchantes éléphantes ! Et la foule l'acclame : bravo, quel spectacle fabuleux !

C'est un véritable triomphe !

Dès le lendemain, Dumbo l'éléphant volant fait la Une de la presse. Il est devenu une star internationale ! On l'admire, on salue ses prouesses… Quant à Timothée, il est aujourd'hui un agent artistique très célèbre. Toutes les vedettes veulent l'engager pour veiller sur leur carrière ! Le directeur du cirque en personne traite l'éléphanteau comme un roi. Il s'empresse

de libérer Madame Jumbo, qui habite désormais dans un luxueux wagon privé avec son petit.

Plus rien ne séparera jamais l'éléphanteau et sa maman. Car vedette ou pas, Dumbo sera toujours le bébé tant aimé et tant espéré de Madame Jumbo !

FIN

TOUS TES HÉROS SONT SUR :
WWW.BIBLIOTHEQUE-ROSE.COM
DUMBO
PRIVATE

TABLE

PAPIER À BASE DE
FIBRES CERTIFIÉES

hachette s'engage pour l'environnement en réduisant l'empreinte carbone de ses livres. Celle de cet exemplaire est de :
400 g éq. CO_2
Rendez-vous sur
www.hachette-durable.fr

Photogravure Nord Compo - Villeneuve-d'Ascq

Imprimé en Espagne par CAYFOSA
Dépôt légal : mars 2019
Achevé d'imprimer : février 2019
74.1572.3/01 – ISBN 978-2-01-118315-6
Loi n° 49956 du 16 juillet 1949
sur les publications destinées à la jeunesse